AF311921

CATALOGUE

DES

LIVRES ARMÉNIENS

COMPOSANT LA BIBLIOTHÈQUE

DE FEU M. PRUDHOMME

MEMBRE DE LA SOCIÉTÉ ASIATIQUE

DES LIVRES CHINOIS ET JAPONAIS ET DES GRANDES COLLECTIONS

PROVENANT

DE LA BIBLIOTHÈQUE DE M. C***

DONT LA VENTE

aura lieu le mardi 17 et le mercredi 18 décembre 1872
à sept heures et demie du soir

Rue des Bons-Enfants, 28 (maison Silvestre)

SALLE Nº 1

Par le ministère de Mᵉ DELBERGUE-CORMONT, commissaire-priseur
Rue de Provence, 8

PARIS

ADOLPHE LABITTE, LIBRAIRE

4, RUE DE LILLE, 4

—

1872

ORDRE DES VACATIONS.

PREMIÈRE VACATION. — *Mardi 17 décembre 1872.*

Nᵒˢ 1 à 212

DEUXIÈME VACATION. — *Mercredi 18 décembre.*

213 à 323

CONDITIONS DE LA VENTE.

La vente est faite au comptant.

Il y aura, chaque jour de vente, de DEUX heures à QUATRE, exposition des livres composant la vacation du soir.

Les acquéreurs payeront 5 centimes par franc en sus des enchères, applicables aux frais.

Paris, — Imprimerie Georges Chamerot, rue des Saints-Pères, 19.

CATALOGUE

DES

LIVRES ARMÉNIENS

COMPOSANT LA

BIBLIOTHÈQUE DE FEU M. PRUDHOMME
MEMBRE DE LA SOCIÉTÉ ASIATIQUE

DES LIVRES CHINOIS ET JAPONAIS ET DES GRANDES COLLECTIONS

PROVENANT

DE LA BIBLIOTHÈQUE DE M. C***

PREMIÈRE PARTIE

TEXTES ARMÉNIENS.

1. Alphabet arménien (en arménien). *Paris*, 1860, in-12, br.

2. Alphabet curde et arménien. *Constantinople*, 1861, in-8, broché.

3. Locutions arméniennes à l'usage des commerçants (en arménien). *Constantinople*, 1862, in-32, cart.

4. Grammaire arménienne, par le **P. Avedik**. *Venise*, 1815, in-8, br.

5. Grammar english and armenian, by **F. P. Aucher**. *Venise*, 1817; in-8, demi-rel.

6. Grammaire de la langue arménienne, par **J.-Ch. Cirbied** (en arménien et en français). *Paris, Everat*, 1823, in-8, demi-rel. v. ant.

7. Grammaire arménienne, par le **P. Arsène** (en arménien). *Venise*, 1852, in-8, demi-rel. bas.

8. Grammaire de la langue française, par **Léon Jonax** (en arménien et en français). *Vienne*, 1855, in-12, demi-rel. bas.

9. Éléments de la grammaire arménienne, par P. Arsène (en arménien). *Venise*, 1856, in-8, br.

10. Petit|Dictionnaire abrégé arménien-turc-français, par Djanig Aram. *Paris*, 1860, in-18, br.

11. Grammaire arménienne, par Ét. Papasian (en arménien). *Constantinople*, 1863, in-18, cart.

12. Grammaire de la langue arménienne vulgaire (en arménien). *Constantinople*, 1864, in-18, cart.

13. Grammaire arméno-russe, par Hatkhoba. *Saint-Pétersbourg*, 1864, in-8, br.

14. Grammaire arménienne de Buvelle. *Constantinople*, 1865, in-18, cart.

15. Exercices russes-arméniens. *Saint-Pétersbourg*, 1869, in-8, br.

16. Dictionnaire de la langue arménienne (en arménien). *Venise*, 1769, 2 vol. in-4, br.

17. Nuovo Dizionario italiano-armeno-turco, composto dal P. Emmanuele Ciakciark. *Venise*, 1829, in-8, br.

18. Dictionnaire arméno-russe, pour l'école des langues (en arménien). *Moscou*, 1838, in-8, demi-rel.

19. Dictionnaire arméno-italien, par Em. Giakgiak (en arménien). *Venise*, 1837, in-4, demi-rel. bas.

20. Dictionnaire français-arménien-turc, par le P. Serapion Eminian. *Vienne*, 1853, in-18, demi-rel. v. v.

21. Histoire de la littérature arménienne, littérature ancienne (en arménien). *Venise*, 1865, in-12, br.

22. Histoire de la littérature arménienne, par Katadji (en arménien). *Vienne*, 1851, in-18, br.

23. La Sainte Bible (en arménien). *Venise, imprimerie de Saint-Lazare*, 1860, in-4, demi-rel. mar. br.

24. Évangiles (en arménien). *Venise*, 1849, in-18, bas. tr. dorée.

25. Ancien et Nouveau Testament (en arménien). *Venise*, 1805, in-4, demi-rel. bas.

26. Graduel de l'Église arménienne (en arménien). *Constantinople*, 1866, in-fol. bas.

27. Discours et prières de saint Grégoire Illuminateur (en arménien). *Venise*, 1838, in-8, br.

28. Morceaux choisis de l'Écriture (en arménien). *Constantinople*, 1860, in-32, cart.

29. Rituel arménien. *Galata de Constantinople*, 1857, in-18, basane.

30. Livres de cantiques, ou Graduel de l'Église arménienne (en arménien). *Constantinople*, 1853, in-8, bas.

31. Chants d'église arménienne (en arménien). *Constantinople*, 1850, in-18, bas.

32. Livre de prières de Nareg (en arménien). *Venise*, 1807, in-18, br.

33. Catéchisme de l'Église arménienne par Meser (en arménien). *Moscou*, 1850, in-12, cart.

34. Réflexious sur la sainte messe, de Nersès de Lambrun (en arménien). *Jérusalem*, 1842, in-4, demi-rel. bas.

35. Doctrine chrétienne, par Mekita (en arménien). *Venise*, 1750, in-12.

36. Pensées de Pascal, traduites par Teamourdji (en arménien). *Constantinople*, 1844, in-8, br.

37. OEuvres du P. Élisé, auteur classique (en arménien). *Venise*, 1859, in-8, br.

38. Lettres pastorales de Nersès, patriarche des Arméniens (en arménien). *Constantinople*, 1825, pet. in-fol. fig. bas.

39. Homélies de Jean le Philosophe, patriarche (auteur classique), en arménien. *Venise*, 1833, in-8, br.

40. Panégyrique de saint Taddé et de sainte Sautoge (en arménien). *Venise*, 1853, in-32, br.

41. Saint Jean Chrysostome. Panégyrique de saint Grégoire Illuminateur (en arménien). *Venise*, 1853, in-32, br.

42. Jean le Diacre. Panégyrique de saint Grégoire Illuminateur (en arménien). *Venise*, 1853, in-32, br.

43. Biographie de saint Mesros, par Gorium (en arménien). *Venise*, 1854, in-32, cart.

44. Polémique de Grégoire Magister contre les Manichéens. Pet. in-fol. demi-rel. bas.
Manuscrit.

45. Polémique de Paul de Daron (en arménien). *Rtemiazin*, 1800, in-4, v. ant.

46. Discours synodal de Nersès de Lambrun (texte et traduction italienne). *Venise*, 1812, in-8, br.

47. Lettre pastorale de Nersès (en arménien). *Venise*, 1838, in-32, br.

48. Histoire du monastère Haridje dans Sirag, par Abel (en arménien). *Tiflis*, 1856, in-18, br.

49. Discussion religieuse, par Chalmazar (en arménien). *Paris*, 1862, in-18, br.

50. Notices sur la question patriarcale dans l'administration centrale de la Turquie (en arménien). *Constantinople*, 1866, in-8, br.

51. Question du patriarcat arménien. Discussion de la Constitution 1836, par Agapek (en arménien). *Constantinople*, 1865, in-8, br.

52. Histoire de la séparation religieuse des Arméniens et des Géorgiens, par Ouktanes d'Edesse. In-fol. demi-rel. v. r. Manuscrit.

53. Récit d'un événement arrivé dans l'Église arménienne de Jérusalem (en arménien). *Jérusalem*, 1861, in-8, de 16 p. broché.

54. Éducation naturelle, morale et intellectuelle des enfants, par Ch. Vincent (en arménien). *Constantinople*, 1844, in-8, broché.

55. Œuvres médicales de Mekitar de Hera (auteur ancien, en arménien). *Venise*, 1833, in-8, br.

56. Conseils des philosophes anciens (en arménien). *Venise*, 1853, in-32, br.

57. Droit des gens, par Dadian (en arménien). *Constantinople*, 1864, in-18, cart.

58. Exercices de rhétorique, par Moïse de Korène (en arménien). *Venise*, 1796, in-8, demi-rel. v. r.

59. Œuvres poétiques de Nersès, auteur ancien (en arménien). *Venise*, 1858, in-32, br.

60. Œuvres de Nersès de Korène (en arménien). *Venise*, 1843, in-8, br.

61. Poëme religieux de Nersès (en arménien). *Venise*, 1742, in-8, vél.

62. Élégie sur la prise d'Édesse par les musulmans, par Nersès Klaietsi (en arménien). *Paris*, 1827, in-8, br.

63. Choix de fables de Vartan, en arménien et en français. *Paris*, 1825, in-8, br.

64. Examen d'anciennes fables d'Arménie, par Enim. *Moscou*, 1850, in-8, br.

65. La Rose et le Rossignol, allégorie orientale, trad. de l'arménien, par P.-E. le Vaillant de Florival. *Paris*, 1833, in-8, demi-rel. bas.

66. Éloge de la sainte Croix en vers, par J. de Vanant (en arménien). *Moscou*, 1853, in-18, cart.

67. Œuvres poétiques du P. Léon Alickan (en arménien).
Venise, 1858, in-18, br.

68. Recueil des poésies modernes vulgaires (en arménien).
Moscou, 4 brochures in-18.

69. Poésies nationales, par Kamat (en arménien). *Saint-Pétersbourg*, 1857, in-8, br.

70. Œuvres du connétable Sembatt, comte de Coricasse
(édit. Chalmazar) (en arménien). *Paris*, 1859, in-12, br.

71. Chansons populaires, par Michel (en arménien). *Tiflis*,
1864, in-8, br.

72. Recueil de poésies nationales et modernes (en arménien).
Constantinople, 1867, in-18, br.

73. Poésies arméniennes, par Miansar (en arménien). *Saint-
Pétersbourg*, 1868, in-8, br.
Deux exemplaires.

74. Saint Nersès, tragédie, par Marqar (en arménien). *Paris*,
1868, in-12, br.

75. Nersès le Grand, drame. *S. l. n. d.*, in-8, br.

76. Araxia, tragédie, par Isaac Mezbour (en arménien). *Constantinople*, 1861, in-12, br.

77. Athalie, tragédie, traduite du français, par Serkis Tigran
(en arménien). *Moscou*, 1834, in-8, demi-rel. v.

78. Les Quatre Demoiselles, comédie, par Mezbour (en arménien). *Constantinople*, 1862, in-18, br.

79. Saiat-Nova, comédie, par G. Akvert (en arménien). *Moscou*, 1852, gr. in-8, br.

80. Lettres de Lazare de Pharbe (en arménien), édit. Emin.
Moscou, 1853, in-8, br.

81. Cosmographie, par Jean Erzink, auteur ancien (en arménien). *Nahtcevan*, 1792, in-8, v. marb.

82. Voyage en Autriche et dans d'autres pays habités par les
Arméniens, par Minas (en arménien). *Venise*, 1830, in-8, br.

83. Eusebii Pamphili, Cæsariensis episcopi, chronicon biparti-
tum... Opera P. Jo. Baptistæ Aucher Ancyrani (en arménien, latin et grec). *Venetiis*, 1818, 2 vol. in-4, bas. tr. dor.

84. Histoire universelle d'Étienne de Darou, auteur du xe siècle, édit. Chalmazar (en arménien). *Paris*, 1859, in-18,
demi-rel. bas.

85. Histoire universelle de Vartan (en arménien), édit. Emin.
Moscou, 1861, in-8, br.

86. Éphémérides perpétuelles, par Serkis, archevêque de Constantinople (en arménien). *Venise*, 1796, in-12, br.

87. Calendrier perpétuel, ecclésiastique et civil (en arménien). *Venise*, 1818, in-8, br. et autres, 4 vol.

88. Géographie universelle, Asie, par Judjidji (en arménien). *Venise*, 1806, in-12, br.

89. Géographie ancienne et moderne de l'Arménie, par P. Manuel (en arménien). *Venise*, 1857, in-18, cart.

90. Géographie moderne d'Arménie, par Judjidji (en arménien). *Venise*, 1806, in-12, cart.

91. Topographie de la grande et petite Arménie, par Nersès Sarkisian (en arménien). *Venise*, 1864, pet. in-4, fig. br.

92. Description d'Edjmiazine et de cinq provinces d'Ararat (Arménie), par Mgr Jean Chakatoux (en arménien). *Edjmiazine*, 1842, 2 vol. pet. in-4, cart.

93. Description de la ville d'Ani, par Abraham (en arménien). *Thédosie*, 1867, in-8, fig. br.

94. Description de l'Arménie ancienne (en arménien), par Luc Judjidji. *Venise*, 1822, in-4, demi-rel. v. r.

95. Archéologie géographique d'Arménie, par Judjidjian (en arménien). *Venise*, 1835, 3 vol. pet. in-4, fig. demi-rel. v. viol.

96. Description de la grande Arménie (en arménien). *Venise*, 1855, in-4, fig. br.

97. Voyage dans la grande Arménie, par Serkisteabal (en arménien). *Tiflis*, 1842-58, 2 vol. in-4, demi-rel. et br.

98. Histoire du Pont, ou la mer Noire, par Minas (en arménien). *Venise*, 1819, in-8, carte, br.

99. Histoire d'Arménie, par E. Orpélian, auteur ancien (en arménien), édit. Chalmazar. *Paris*, 1859, 2 vol. in-12, br.

100. Œuvres historiques de Jean Catholicos (en arménien). *Jérusalem*, 1843, pet. in-4, demi-rel.

101. Histoire d'Arménie, par Jean Catholicos (en arménien). *Moscou*, 1853, in-8, br.

102. Histoire d'Arménie, par Jean Catholicos (auteur ancien) (en arménien). *Jérusalem*, 1867, in-18, cart.

103. Michel Tchamitch, Histoire d'Arménie depuis la création jusqu'à l'année 1784 (en arménien). *Venise*, 1755, 3 vol. in-4, demi-rel. v. r.

104. Histoire d'Arménie, par Lazare de Pharbe (en arménien). *Venise*, 1793, in-8, demi-rel. v. r.

105. Histoire d'Arménie, par Acatangèle (en arménien). *Constantinople*, 1822, in-8, bas.

106. Histoire d'Arménie, par Acatangèle (en arménien). *Venise*, 1854, in-32, fig. br.

107. Documents relatifs au traité de paix avec la Perse (en arménien et en russe). *Saint-Pétersbourg*, 1828, in-4, de 10 p. cart.

108. Histoire d'Arménie, par Glay (en arménien). *Venise*, 1832, in-8, demi-rel. v. r.

109. Histoire d'Arménie, par Faustus, auteur ancien (en arménien). *Venise*, 1832, in-8, br.

110. Histoire d'Arménie, par Aristarque, auteur du xie siècle (en arménien). *Venise*, 1844, in-8, demi-rel.

111. Discours de Jean Mantagonin, auteur classique (en arménien). *Venise*, 1836, in-8, br.

112. Histoire d'Arménie, par Sépéos, auteur ancien (en arménien). *Constantinople*, 1851, in-8, v. rel.

113. Histoire d'Arménie, par Thomas Ardzeronne (en arménien). *Constantinople*, 1852, in-8, fig. demi-rel. bas. r.

114. Excursion des Arabes dans l'Arménie, par Léon Historien (en arménien), édit. Chalmazar. *Paris*, 1857, in-18, br.

115. Histoire de l'invasion des Tartars dans l'Arménie, par Orbelian, auteur ancien (en arménien). *Moscou*, 1858, in-18, br.

116. Constitution nationale des Arméniens (en arménien). *Constantinople*, 1860, in-18, br.

117. Histoire d'Arménie, par Mekitar Avrivan, auteur ancien (en arménien), édit. Emin. *Moscou*, 1860, in-8, br.

118. Histoire arménienne, par Étienne de Siouni, auteur ancien (en arménien), édit. Emin. *Moscou*, 1861, in-8, br.

119. Histoire nationale, par E. Papasian (en arménien). *Constantinople*, 1862, in-18, cart.

120. Leçon d'histoire nationale, par Papasian (en arménien). *Constantinople*, 1863, in-18, cart.

121. Histoire d'Arménie, par Sortau, auteur ancien (en arménien). *Venise*, 1862, in-8, br.

122. Histoire de la nation arménienne (vulgaire) (en arménien). *Saint-Pétersbourg*, 1863, in-8, br.

123. Cyracus, historien, auteur ancien (en arménien). *Moscou* 1858, in-12, br.

124. Histoire arménienne, par Cyracus, auteur ancien (en arménien). *Venise*, 1865, in-8, br.

125. Histoire nationale, par Lerapna (en arménien). *Jérusalem*, 1865, in-18, cart.

126. Histoire nationale de deux ans, depuis 1861 jusqu'à 1864, par J. Tcilinghin (en arménien). *Constantinople*, 1866, in-8, br.

127. Histoire chronologique, par Mekitar Avrivan (en arménien). *Saint-Pétersbourg*, 1867, in-8, br.

128. Chroniques de Mathieu d'Orha (en arménien). *Jérusalem*, 1869, in-18, cart. en toile.

129. Histoire d'Albanie, par Moïse Calancatoutz (en arménien). *Moscou*, 1860, in-8, br.

130. Histoire des Albanais du Caucase, par Moïse de Calancaitoutz (édit. Chalmazar) (en arménien). *Paris*, 1860, in-12, broché.

131. Histoire des Tartares, par Hetoum, auteur ancien (en arménien). *Venise*, 1842, in-8, br.

132. Tableau de la colonie arménienne établie en Russie (en arménien). *Moscou*, 1833, in-8, demi-rel. bas.

133. Histoire des colléges Mourat et Raphael et des abbés Méchitaristes, par Serkis Théodore (en arménien). *Paris*, 1866, 3 vol. in-8, br.

134. Biographie de Meckitar, fondateur du couvent de Saint-Lazare, par Acoutz (en arménien). *Venise*, 1810, in-8, br.

135. Recueil des édits, ordonnances, documents, etc., relatifs à la fondation, formation et le but de l'École des langues orientales de Lazaref de Moscou (en arménien). *Saint-Pétersbourg*, 1839, in-12, cart.

136. Histoire de l'institut Laraireff à Moscou (en arménien). *Moscou*, 1856, in-4, portr. demi-rel. mar. bl.

137. Mémoire sur Joachim Lazaroff, administrateur de l'école des langues (en arménien). *Moscou*, 1859, in-8, cart.

138. Œuvres biographiques de Gorium et David, auteurs classiques (en arménien). *Venise*, 1833, in-8, br.

139. Catalogue des manuscrits de la bibliothèque du Saint-Siége d'Edjmiazine (en arménien). *Tiflis*, 1863, pet. in-fol. demi-rel. bas.

140. Catalogue des manuscrits arméniens de la Bibliothèque nationale (en arménien). Pet. in-fol. cart.

Manuscrit.

141. Revue morale, littéraire, descriptive et polémique, 4 numéros de l'année 1861, et autres revues (en arménien). *Tiflis*, 1861, in-8, br.

142. Actes de la Société arménienne de Moscou (en russe et en arménien). *Moscou*, 1868, 3 vol. in-4, br.

143. Actes de la commission archéologique du Caucase (en russe et géorgien). *Tiflis*, 1866, tome 1ᵉʳ in-fol. portr. cuir de Russie.

Ce volume a été publié au prix de 25o fr.

OUVRAGES DIVERS.

LITTÉRATURE ET HISTOIRE.

144. Biblia hebraica... imprimis Everardi van der Hooght recensuit Augustus Hahn. *Lipsiæ, C. Tauchnitz*, 1839, in-8, d.-rel. bas.

145. Histoire de saint Léger, évêque d'Autun et martyr, et de l'Eglise des Francs au septième siècle, par le R. P. dom J.-B. Pitra. *Paris, Waille*, 1846, in-8. fig. br.

146. Explication historique des Instituts de l'empereur Justinien, par M. Ortolan. *Paris, H. Plon*, 1857. 3 vol. in-8 br.

147. Traité des instruments astronomiques des Arabes, composé au treizième siècle par Aboul Hhassan Ali, du Maroc, intitulé (Collection des commencements et des fins), trad. de l'arabe par J.-J. Sédillot. *Paris, Impr. royale*, 1834-35, 2 vol. in-4, fig. br.

148. Grammaire comparée des langues classiques, par F. Baudry. 1ʳᵉ partie : Phonétique. *Paris, A. Durand*, 1868, in-8, br.

149. Toison d'or de la langue phénicienne, par M. l'abbé F. Bourgade. *Paris, Duprat*, 1856, in-fol. fac-simile, br.

150. Grammaire théorique et pratique de la langue turke, telle qu'elle est parlée à Constantinople, par M. Artin Hindoglou. *Paris, Dondey-Dupré*, 1834, in-8, d.-rel. bas.

151. Histoire générale et système comparé des langues sémitiques, par Ernest Renan ; 1ʳᵉ part. : Histoire générale des langues sémitiques. *Paris, Impr. impériale*, 1863, in-8, br.

152. Grammaire arabe, par Charles Schier. *Leipsic, Arnold,* 1862, in-8, d.-rel. bas.

153. Chrestomathia arabica, grammatica, historica, in usum scholarum arabicarum ex codicibus ineditis conscripta a Georg. Guil. Freytag. D. *Bonnæ ad Rhenum,* 1834, in-8, d.-rel. v. r.

154. Éléments de la langue géorgienne, par M. Brosset jeune. *Paris, Impr. royale,* 1837; in-8, br.

155. Chrestomathie Hindoustan (Urdu et Dakhni) à l'usage des élèves des langues orientales vivantes. *Paris, veuve Dondey-Dupré,* 1847, in-8, br.

156. Éléments de grammaire chinoise, par Abel Rémusat. *Paris, Maisonneuve,* 1857, gr. in-8, d.-rel. v. r.

157. Grammaire de la langue malaie, par M. W. Marsden, publiée à Londres en 1812 et trad. de l'anglais par C.-P.-J. Elout. *Harlem, Jean Enschedé,* 1824, in-4, cart.

158. Nouveau Dictionnaire français-italien, d'après les meilleures éditions d'Alberti, rédigé sur la dernière édition de l'Académie française et de la Crusca. *Venise, J.-B. Missiaglia,* 1824, in-4 ; d.-rel. bas.

159. G.-W. Freytagii Lexicon arabico-latinum... accedit index vocum latinarum locupletissimus. *Halis Saxonum, C. A. Schwetschk,* 1830-1837, 4 tom. en 2 vol. in-4, d.-rel. mar. v.

160. Geographia Cl. Ptolemæi Alexandrini. *Venetiis, apud Vincentium Valgrisium,* 1562, in-4, cartes, vél.

161. Géographie d'Aboulféda, traduite de l'arabe en français par M. Reinaud. Tom. Ier et tom. II, 1er part. *Paris, Impr. nationale,* 1848, 2 vol. in-4, pl. br.

162. Mélanges de Géographie en 1 vol. in-8, d.-rel.

Éloge de la Sologne. — Notice sur le Val-Ombrasa, en Toscane, par Castellan. — Essais sur la Valachie et la Moldavie, par de Salaberry. *Paris, 1821.* — Mémoire sur les volcans de l'Asie intérieure, par M. de Humboldt. — Essai sur l'origine de Toulon, par H. V. *Toulon, 1827.* — Relation d'un voyage fait en Europe au xve siècle, par Martyr. *Paris, 1827.* — Pythias de Marseille. *Bruxelles, 1836.*

163. Description géographique de la Géorgie, par le tsarévitch Wakhoucht, publié d'après l'original autographe, par M. Brosset. *Saint-Pétersbourg,* 1842, in-4, cartes, demi-rel. v. v.

164. Expédition scientifique en Mésopotamie, exécutée par ordre du gouvernement de 1851 à 1854, par MM. Fulgence Fresnel, F. Thomas et J. Oppert, publiée par M. J. Oppert. *Paris, Gide et J. Baudry,* 1856, livr. 1 à 5. (Texte et planches) in-4 et in-fol.

165. Handbuch der mathematischen und technischen Chronologie. Aus den quellen bearbeitet von D. Ludwig Ideller. *Berlin, Aug. Rucker*, 1825, 2 vol. in-8, cart.

166. Eusebii Pamphili chronicorum canonum libri duo... Angelus Maius et Johannes Zohrabus ediderunt. *Mediolani*, 1818, gr. in-4, demi-rel.

167. Scriptorum Græcorum Bibliotheca, gr. et lat. *Parisiis, Didot*, 1855-61, 8 vol. gr. in-8, br.

Diodorus Siculus, 2 vol. — Herodotus. — Strabonis Geographica. 2 vol. — Geographi græci minores, 2 vol. et atlas.

168. Corpus scriptorum historiæ Byzantinæ, editio emendatior et copiosior consilio B. G. Niebuhrii. *Bonæ, ed. Weberi*, 1828-33, 5 vol. in-8, br.

169. Cornélius Nepos, Quinte-Curce, Justin, etc. *Paris, Dubochet*, 1841, gr. in-8, d.-rel.— Ammien Marcellin, Jornandès, Frontin, etc. *Paris, Didot*, 1860, gr. in-8, br.

De la collection des ouvrages latins publiée par M. Nisard.

170. L'Europe au moyen âge, trad. de l'anglais de H. Hallam, par A. Borghers et P. Dudouit. *Paris, Ladrange*, 1837, 4 vol. in-8, br.

171. Recueil des historiens des croisades, publié par les soins de l'Académie des inscriptions et belles-lettres. Documents arméniens. Tom. Ier. *Paris, Impr. impériale*, 1869, in-fol. fac-simile, br.

172. Maçoudi : les Prairies d'or, texte et traduction par C. Barbier de Meynard et Pavet de Courteille. *Paris, Impr. impériale*, 1861-1865, 4 vol. in-8, br.

173. A Geographical Memoir of the Persian empire, accompanied by a map, by John Macdonald Kinneir. *London, John Murray*, 1813, in-4, cart. n. rog.

174. Mémoires sur diverses antiquités de la Perse, et sur les médailles des rois de la dynastie des Sassanides; suivis de l'histoire de cette dynastie, trad. du persan de Mirkhond, par A.-J. Silvestre de Sacy. *Paris, Impr. nationale*, 1793, in-4, fac-simile, br.

175. Nineveh and its remains, by Aug. Henry Layard, D. C. L. *Paris, Galignani*, 1850, in-8, d.-rel. bas.

176. Les Ecritures cunéiformes, exposé des travaux qui ont préparé la lecture et l'interprétation des inscriptions de la Perse et de l'Assyrie, par M. Joachim Ménant. *Paris, Benj. Duprat*, 1860, gr. in-8, br.

177. Early Sassanian Inscriptions, seals and coins, by Edward Thomas, Esq. *London, Trübner,* 1868, in-8, fac-simile photogr. cart. n. rog.

178. Essai d'une histoire de la dynastie des Sassanides, d'après les renseignements fournis par les historiens arméniens, par M. K. Patkanian, trad. du russe par M. Evariste Prud'homme. *Paris, Impr. impériale,* 1866, in-8, br.
Vingt-trois exemplaires.

179. Fragments d'une histoire des Arsacides, ouvrage posthume de M. J. Saint-Martin. *Paris, Imprimerie nationale,* 1850, 2 vol. in-8, br.

180. Relations politiques et commerciales de l'empire romain avec l'Asie orientale (l'Hyrcanie, l'Inde, la Bactriane et la Chine) pendant les cinq premiers siècles de l'ère chrétienne, par M. Reinaud. *Paris, Impr. impériale,* 1863, cartes, in-8, br.

181. Mémoire sur la partie méridionale de l'Asie centrale, par Nicolas de Khanikoff. *Paris, L. Martinet,* 1861, in-4, br. — Mémoire sur l'ethnographie de la Perse, par le même. *Paris, E. Martinet,* 1866, in-4, br.

182. Voyage au mont Caucase et en Géorgie, par M. Jules Klaproth. *Paris, Ch. Gosselin,* 1823, 2 vol. in-8, br.

183. Des Peuples du Caucase et des pays du nord de la mer Noire et de la mer Caspienne dans le dixième siècle, ou Voyage d'Abou-el-Cassim, par M. C. d'Ohsson. *Paris, F. Didot,* 1828, in-8, demi-rel. v. bl.

184. The Tribes of the Caucasus with an account of Schamyl and the Murids, by baron Aug. von Haxthausen. *London, Chapman,* 1855, in-8, cart.

185. Essai historique et critique sur la constitution sociale et politique de l'Arménie sous les rois de la dynastie Roupénienne, par V. Langlois. *Saint-Pétersbourg,* 1860, in-4 br.
Extrait des Mémoires de l'Académie impériale des sciences de Saint-Pétersbourg.

186. Recherches sur la chronologie arménienne technique et historique, par M. Ed. Fournier; tome 1er, chronologie technique. *Paris, Impr. impériale,* 1859, in-4, demi-rel. mar. v.

187. Les Ruines d'Ani, capitale de l'Arménie, sous les rois Bagratides, au xe et xie siècles : histoire et description, par M. Brosset. *Saint-Pétersbourg,* 1860, 2 part. et atlas in-4, br.

188. Le Trésor des Chartes d'Arménie, ou Cartulaire de la chancellerie royale des Roupéniens, recueillis par V. Langlois. *Venise,* 1863, in-4, br.

189. Bibliothèque historique arménienne, ou Choix des principaux historiens arméniens, trad. en français, par M. Ed. Dulaurier. Chronique de Matthieu d'Edesse. *Paris, A. Durand*, 1853, in-8, br.

190. Récit de la première croisade, extrait de la Chronique de Matthieu d'Edesse, et trad. de l'arménien, par M. Ed. Dulaurier. *Paris, Benj. Duprat*, 1850, in-4, br.

191. Essai sur Moïse de Khoren, historien arménien du v⁰ siècle de l'ère du Christ, et analyse succincte de son ouvrage sur l'histoire d'Arménie, par E. Pichard. *Paris, Lemerre*, 1866, in-8, br.

192. Storia di Mose Corenese, versione italiana illustrata dai monaci Armeni Mechitaristi, ritoccata quanto allo stile da N. Tommaseo. *Venezia*, 1841, in-8, br.

193. Histoire d'Arménie, par le patriarche Jean VI, dit Jean Catholicos, trad. de l'arménien en français, par M. J. Saint-Martin. *Paris, Impr. rogale*, 1841, in-8, fig. demi-rel.

194. Études de chronologie technique, par M. Brosset. *Saint-Pétersbourg*, 1868, 2 livr. in-4, br.

195. Extrait de la chonique de Sempad, seigneur de Babaron, connétable d'Arménie, par V. Langlois. *Saint-Pétersbourg*, 1862, in-4, br.

196. Histoire chronologique, par Mekitar Avrivan, xiii⁰ siècle, traduite de l'arménien sur le manuscrit par M. Brosset. *Saint-Pétersbourg*, 1869, in-4, br.

197. Analyse critique de Vardan, par M. Brosset. *Saint-Pétersbourg*, 1862, in 4, br.

198. Extraits du livre intitulé : Solutions de passages de l'Écriture sainte, écrites à la demande de Héthoum Iᵉʳ, roi d'Arménie, par le Vardapet Vardan, trad. de l'arménien par M. Evariste Prud'homme. *Paris, Impr. impériale*, 1867, br. in-8.

Trente-six exemplaires.

199. Description des monastères arméniens d'Haghbat et de Sahahin, par l'archimandrite Jean de Crimée, avec notes, par M. Brosset. *Saint-Pétersbourg*, 1863, in-4, br.

200. Researches in Asia Minor, Pontus, and Armenia; with some account of their antiquities and geology by William J. Hamilton. *London, J. Murray*, 1842, 2 vol. in-8, fig. n. rog.

201. Mémoires historiques et géographiques sur l'Arménie, par M.-J. Saint-Martin. *Paris, Impr. royale*, 1818, 2 vol. in-8, demi-rel. bas.

202. Mémoire sur les relations de la république de Gênes, avec le royaume chrétien de la Petite-Arménie, pendant les xiiie et xive siècles, par V. Langlois. *Turin, Impr. royale*, 1861, in-4, br.

203. Inscriptions géographiques et autres, recueillies par le P. Nersès Sargisiau, et expliquées par M. Brosset. *Saint-Pétersbourg*, 1864, in-4, br.

204. Histoire de la Siounie, par Stéphanos Orbélian, traduite de l'arménien, par M. Brosset. *Saint-Pétersbourg*, 1864-66, 1er et 2e livr. in-4, br.

205. Vues pittoresques des principaux châteaux et des maisons de plaisance des environs de Paris et des départements, lithographiées par MM. Bourgeois, Bouton, Joly, Regnier, etc., avec un texte historique et descriptif par A. Blancheton. *Paris, F. Didot, s. d.*, in-fol. en livr.

206. Histoire de la Révolution et de l'Empire, par M. Amédée Gabourd. *Paris, Jac. Lecoffre*, 1846-51, 10 vol. in-8, br.

207. Histoire de la Vendée militaire, par J. Crétineau-Joly. *Paris, Hivert*, 1840-42, 4 vol. in-8, br.

208. Recueil de rapports sur les progrès des lettres et des sciences en France. Progrès des études relatives à l'Egypte et à l'Orient. *Paris, Impr. impériale*, 1867, gr. in-8, br.

209. Manuscrits orientaux. Catalogues des manuscrits hébreux et samaritains de la Bibliothèque impériale. *S. l. n. d.*, in-4, br.

210. Revue de l'Orient, de l'Algérie et des colonies. Bulletin de la Société orientale de France. *Paris, Benj. Duprat*, années 1862, mai à décembre 1863 et 1864 en livr.

211. Journal Asiatique, ou Recueil de mémoires, d'extraits et de notices relatifs à l'histoire, à la philosophie, aux langues et à la littérature des peuples orientaux, rédigé par MM. Barbier de Meynard, Belin, Caussin de Perceval, Garcin de Tassy, etc. *Paris, Impr. impériale*, 1863 à 1869, 7 années, rel. et en livr.

Manque le numéro de décembre 1869, en plus les numéros de janvier à juin de l'année 1870.

212. Sous ce numéro on vendra quelques ouvrages en lots.

DEUXIÈME PARTIE.

ÉCRITURE SAINTE. LITTÉRATURE ET HISTOIRE.

213. Vetus Testamentum græcum... cum latina translatione, cura et studio J. N. Jager. *Parisiis, F. Didot,* 1839-44, 2 vol. gr. in-8, demi-rel. v. bl.

214. Novum Testamentum græce et latine. *Parisiis, F. Didot,* 1842; gr. in-8, demi-rel. mar. n.

215. Nouveau Testament en sanscrit. In-4, demi-rel.

Imprimé sur papier indien.

216. Les Psaumes de David, mis en rime françoise par Clément Marot et Théodore de Bèze. *Se vendent à Charenton, par Estienne Lucas,* 1666, in-12, v. dor.

217. Thomæ a Kempis, canonici regularis ord. S. Augustini, de Imitatione Christi libri quatuor. *Lugduni, apud Joh. et Dan. Elsevirios, s. d.,* pet. in-12, v.

218. Les Enluminures du fameux Almanach des Jésuites, intitulé : la Déroute et la Confusion des jansénistes, ou Triomphe de Molina sur S. Augustin (poëme en vers libres par le Maître de Sacy), avec la réponse à la lettre d'une personne de condition, touchant les règles de la conduite des SS. Pères dans la composition de leurs ouvrages pour la défense des véritez combattues, ou de l'Innocence calomniée (par Antoine Arnauld). *S. l.,* in-8, fig. vél.

219. Histoire des variations des Églises protestantes, par messire J.-B. Bossuet. *Paris, veuve Séb. Mabre-Cramoisy,* 1688, 2 vol. in-4, v. gr.

Édition originale.

220. Politique tirée des propres paroles de l'Écriture sainte, par J.-B. Bossuet. *Paris, P. Cot,* 1709, in-4, portr. par H. Rigault, v. gr.

Édition originale.

221. L'Horloge des Princes, avec le très-renommé livre de Marc-Aurèle, recueilly par Don Antoine de Gueuare, evesque de Guadix et Mondonedo, traduict en partie de castillan en françois, par feu N. de Herberay, seigneur des Essars.

Paris, Guillaume de la Noue, 1576, in-8, demi-rel. dos et
coins de mar. br. tr. dor.

222. Fr. Baconis de Verulam, Angliæ cancellarii, de augmentis
scientiarum lib. IX. *Lugd. Batavorum, ex officina Adriani
Wyngaerden*, 1652, in-12, v. f. fil.

223. Les Caractères de Théophraste, traduits du grec, avec
les Caractères ou mœurs de ce siècle (par la Bruyère). *Paris,
Est. Michallet*, 1694, in-12, bas.

224. Mémoires pour servir à l'histoire de la philosophie au
XVIIIᵉ siècle, par Ph. Damiron. *Paris, Ladrange*, 1858,
2 vol. in-8, demi-rel. v. bl.

225. FLAVI VEGETI de Re militari libri quatuor post omnes
omnium editiones, ope veterum librorum correcti a Godes-
calco Stewechio Heusdano. *Lugduni Batavorum, ex officina Plantiniana, apud Franciscum Raphelengium*, 1692,
in-8, fig. mar. r. fil. tr. dor. (*Aux armes du duc du Maine.*)
De la bibliothèque du roi au Palais-Royal.

226. Physique d'Aristote, ou Leçons sur les principes géné-
raux de la nature, traduite en français par J. Barthélemy
Saint-Hilaire. *Paris, Ladrange*, 1862, 2 vol. gr. in-8, br.

---

227. Vocabolario Milanese-Italiano di Fiancesco Cherubini.
Milano, dall' impr. regia Stamperia, 1839-56, 5 vol. in-8,
mar. br. fil. tr. dor. (*Clarke et Bedford.*)

228. Recherches sur les langues celtiques, par W.-F. Ed-
wards. *Paris, Impr. royale*, 1844, in-8, demi-rel. dos et
coins de mar. citr. tête dor. n. rog.

229. Analogies linguistiques. Du flamand dans ses rapports
avec les autres idiomes d'origine teutonique, par P. Le-
brocquy. *Bruxelles, A. Van Dale*, 1845, in-8, demi-rel.
dos et coins de mar. viol. tête dor. n. rog.

230. On the Origin and authenticity of the Arian family of
languages... by Dhanjibhai Fieniji. *Bombay*, 1861, in-8,
cart.

231. Lehrgebäude der aramaischen Idiome mit Bezug auf die
Indo-Germanischen Sprachen von Julius Furst. *Leipzig*,
1835, in-8, demi-rel. dos et coins de mar. bl. tête dor.
n. rog.

232. Grammaire sanscrite française, par M. Desgranges.
Paris, Impr. royale, 1845-54, 2 vol. in-4, demi-rel. veau
viol.

233. Alphabet Mantchou, rédigé d'après le Syllabaire et le Dictionnaire universel de cette langue, par L. Langlès. *Paris, Impr. impériale*, 1807, in-8, demi-rel. v. v.

234. Éléments de la grammaire chinoise, par Abel Rémusat. Nouvelle édition, publiée par Léon de Rosny. *Paris, 1857*, gr. in-8, demi-rel.

235. Diccionario portuguez China, composto por Gonçalvès. *Macao, 1831*, in-4, demi-rel.

236. Oratoriæ artis epitoma..... facilis memoriæ artis modus Jacobi Publicii Florentini. *Erbardus Ratdolt impressioni dedit 1485. Veneliis.* In-4, bas.

Volume rare et curieux se terminant par des figures de mnémonique.

237. M. Fabii Quinctiliani de Institutione oratoria libri duodecim, cum notis et animadversionibus virorum doctorum, summa cura recogniti et emendati per Petrum Burmannum. *Lugduni Batavorum, apud Joannem de Vivie, 1720*, 2 vol. in-4, fig. v. ant. grand papier.

238. Martiani Capellæ de Nuptiis Philologiæ et Mercurii et de septem artibus liberalibus libri novem. *Francofurti, Fr. Varrentrapp*, 1836, in-4, br.

239. Les Marguerites françoises, ou Thrésor des fleurs du bien-dire, contenant la manière de traicter et discourir parfaitement sur divers sujets, tant d'amour qu'autres, par Fr. Desrues. *Rouen, Théodore Reinsart*, 1609, in-12, vél.

240. Bulletin de la classe historico-philologique de l'Académie des sciences de Saint-Pétersbourg, 1844-1859, 16 tomes en 8 vol. in-4, demi-rel. d. et c. mar. r. tranche sup. dor.

241. Renati Rapini, societatis Jesu, Hortorum libri IV, cum disputatione de cultura Hortensi. *Parisiis, e Typographia regia*, 1665, in-4, front. grav. par C. le Brun, mar. r. fil. tr. dor. (*Capé*.)

Bel exemplaire en grand papier.

242. Floire et Blanceflor, poëmes du XIIIe siècle, publiés d'après les manuscrits, avec des notes et un glossaire, par M. Edélestand du Méril. *Paris, P. Jannet*, 1856, in-12, cart.

243. Fabliaux ou Contes, fables et romans du XIIe siècle, traduits ou extraits par Legrand d'Aussy. *Paris, J. Renouard*, 1829, 5 vol. in-8, fig. pap. vél. demi-rel. mar. r. tête dor. n. rog.

244. Les Œuvres de messire François de Malherbe, 3e édit. *Paris, Mathurin Henault*, 1641, in-8, v.

245. Les Tragiques, donnés au public par le larcin de Pro-
méthée (par Théodore-Agrippa d'Aubigné). *Au Désert,
par L. B. D. D.*, 1616, in-4, v. marb.

246. La Pucelle, ou la France délivrée, poëme héroïque, par
M. Chapelain. *Paris, Aug. Courbé*, 1656, in-fol. fig. v. gr.

247. Œuvres complètes de Vadé, avec les airs notés à la fin
de chaque volume. *Genève (Cazin)*, 1777, 4 vol. in-32,
portr. mar. fil. tr. dor. (*Rel. anc.*)

248. Poëmes islandais (Voluspa, Vafthrudnismal, Lokasenna),
tirés de l'Edda de Samund, publiés par F.-G. Bergmann.
Paris, Impr. royale, 1838, in-8, demi-rel. v. viol.

249. Poésies de l'époque des Thang (VIIe, VIIIe et IXe siècles
de notre ère), traduites du chinois, avec des notes, par le
marquis d'Hervey-Saint-Denys. *Paris, Amyot*, 1862, in-8,
demi-rel. v. f.

250. Corneille (P.). Andromède, tragédie. (*Manque le titre.*)
— D. Sanche d'Arragon, comédie héroïque. *Paris, Guil. de
Luyne*, 1653. — Nicomède, tragédie. *Paris, Aug. Courbé*,
1653, 2 pièces in-12, n. rel.

251. Œuvres de Racine. *Suivant la copie imprimée à Paris*,
1678-1692, 2 vol. in-12, fig. mar. r. fil. tr. dor.

252. LES COMÉDIES facécieuses de Pierre de l'Arivey, Cham-
penois. *Rouen, de l'imprimerie de Raphaël du Petit-Val*,
1611, in-12, mar. r. fil. tr. dor. (*Belz-Niedrée.*)

253. Euphormionis Lusinini, sive Joannis Barclaii Satyricon
partes quinque cum clavi; accessit Conspiratio Anglicana.
Lugd.-Batavorum, apud Elzevirios, 1637, in-12, vél.

254. Contes turcs en langue turque, extraits du roman intitulé les Quarante Vizirs, par feu M. Belletête. *Paris,
de Bure*, 1812, in-4, demi-rel. mar. v.

255. *San-Koué-Tchy*. Histoire des trois royaumes. Roman
historique traduit sur les textes chinois et mandchou, par
Théodore Pavie. *Paris, B. Duprat*, 1845-51, 2 vol. in-8,
demi-rel. v.

256. Serées de Guillaume Bouchet. *Rouen, Louys et Daniel
Loudet*, 1635, in-8, v. marb.

257. Dialogues rustiques d'un prestre de village, d'un berger,
le censier et sa femme, par J. D. M. *Genève, Jean de Bap-
tista*, 1655, in-8, vél.

258. L'Art de faire des garçons, par M*** (Procope Couteau),
docteur en médecine de l'université de Montpellier. *Montpellier, s. d.*, 2 vol. in-12, bas.

259. Les Étrennes de la Saint-Jean (par le comte de Caylus). *A Troyes, chez la veuve Oudot, s. d.*, in-12, fig. mar. r. fil. tr. dor. (*Rel. anc.*)

Dans le même volume : les Écosseuses, ou les OEufs de Pâques, suivis de l'Histoire du porteur d'eau, ou les Amours de la ravaudeuse (par le même).

260. Histoire des Perruques, où l'on fait voir leur origine, leur usage, etc., par M. J.-B. Thiers. *Paris*, 1690, in-12, v. marb.

---

261. Géographie d'Aboulféda, texte arabe publié d'après les manuscrits de Paris et de Leyde... par MM. Reinaud et le baron Mac Guckin de Slane. *Paris, Impr. royale*, 1840, in-4, demi-rel. dos et coins de mar. v. tête dor. non rog.

262. Géographie d'Aboulféda, traduite de l'arabe en français et accompagnée de notes et d'éclaircissements par M. Reinaud. *Paris, Imprimerie nationale*, 1848, 2 vol. in-4, demi-rel. dos et coins de mar. v. tête dor. n. rog.

263. Discours sur l'Histoire universelle. 1re partie, depuis le commencement du monde jusqu'à l'empire de Charlemagne, par messire J.-B. Bossuet. *Paris, Sébast. Mabre-Cramoisy*, 1681, in-4, v. gr.

264. Fragmenta historicorum Græcorum. *Parisiis, F. Didot*, 1841-51, 4 vol. gr. in-8, demi-rel. mar. r.

265. C. Julii Cæsaris quæ extant ex emendatione Jos. Scaligeri. *Lugduni-Batavorum, ex officina Elzeviriana*, 1635, in-12, titre gravé et cartes vél.

266. Caius Suetonius Tranquillus, ex recensione Francisci Oudendorpii... *Lugduni-Batavorum, apud Samuelem Luchtmans*, 1751, in-8, mar. bl. fil. n. rog. (*Thouvenin.*)

267. Histoire des grands chemins de l'empire romain, par Nicolas Bergier. *Paris, C. Morel*, 1622, in-4, réglé, mar. r. fil. tr. dor. (*Rel. anc.*)

268. Topographia Galliæ, sive descriptio et delineatio famosissimorum locorum in potentissimo regno Galliæ, per Martinum Zellerum. *Francofurti, Caspar. Merianus*, 1655-57, 3 vol. pet. in-fol. fig. parch. vert.

269. Règlements sur les arts et métiers de Paris, rédigés au XIIIe siècle et connus sous le nom du livre des Métiers d'Etienne Boileau, publiés par G.-B. Depping. *Paris, Crapelet*, 1837, in-4, v. ant. fig.

270. Adriani Valesii Notitia Galliarum. *Parisiis*, 1675, in-fol. v. br.

271. GESTA DEI PER FRANCOS. *Hanoviæ*, 1611, 2 tom. en 1 vol. in-fol. v.

272. Le Blason de France, ou notes curieuses sur l'édit concernant la police des armoiries (par Thibault Cadot). *Paris, Ch. de Sercy*, 1697, in-8, front. gravé et blas. v. gr.

273. Représentation des fêtes données par la ville de Strasbourg pour la convalescence du Roi, à l'arrivée et pendant le séjour de Sa Majesté en cette ville; inventé, dessiné et dirigé par J.-M. Weiss. *Paris, Laurent Aubert, s. d.* (1744), très-grand in-fol., v. marb.

Ce volume contient XI grandes et belles planches doubles, gravées par Ph. Le Bas; le portrait de Louis XV, gravé par Wille, et XXI pages de texte gravé.

274. Vie de Marie-Amélie, reine des Français, par M. Auguste Trognon. *Paris, M. Lévy*, 1871, in-8, br.

275. Description géographique et historique de la haute Normandie. *Paris*, 1740, 2 vol. in-4, v. f. cartes.

276. NORMANDIE. Noblesse et Histoire. *Manuscrit inédit* du XVIIIe siècle. Copie d'un man. plus ancien in-fol. d'environ 200 ff. demi-rel. mar.

277. ANTIQUITÉS DU COTENTIN, in-fol. v. br.

Manuscrit inédit du XVIIe siècle, composé d'environ 300 feuillets.

278. Histoire civile et ecclésiastique du comté d'Évreux (par Philippe le Brasseur.) *Paris, Franç. Barois*, 1722, in-4, v. marb.

279. Essai historique et descriptif sur l'abbaye de Fontenelle ou de Saint-Wandrille, et plusieurs autres monuments des environs, par E.-Hyacinthe Langlois. *Paris, J. Tastu*, 1827, in-8, fig. par Mlle Esp. Langlois, demi-rel. dos et coins de mar. viol.

280. Histoire du diocèse de Bayeux. Première partie, contenant l'histoire des évêques, par M. Hermant. *Caen, P.-F. Doublet*, 1705, in-4, v. gr.

281. Livre des vassaux du comté de Champagne et de Brie, 1172-1222, publié par Aug. Longnon. *Paris, Franck*, 1869, in-8, demi-rel.

282. Histoire des Basques, par le vicomte de Belzunce. *Bayonne*, 1847, 3 vol. in-8, demi-rel. dos et coins de mar. r. tête dor. n. rog.

283. Anglo-Norman Antiquities considered in a tour through part of Normandy, by doctor Ducarel. Illustrated with twenty-seven copper-plates. *London, T. Spilsbury*, 1777, in-fol. fig. mar. r. dent. tr. dor. (*Rel. anc.*)

284. Ælfredi regis Res gestæ. *Londini, s. a.* — Walsingham.
Historia brevis. *Londini,* 1574. — Ypodigena Neustriæ ab
irruptione Normannorum. *Londini,* 1574,— 3 part. en 1 v.
in-fol. v. br.

Recueil d'ouvrages rares.

285. Antiguedades prehistóricas de Andalucia, por don
Manuel de Gongora y Martinez. *Madrid, C. Moro,* 1868,
gr. in-8, fig. demi-rel. dos et coins de mar. viol. tête dor.
n. rog.

286. Regi Magyar Nyelvemlekek. *Bude,* 1838, 3 vol. in-4,
demi-rel. mar. n. r. tr. sup. dor.

287. Jerney Janos' Keleti Utazara a Magyarok öshelyeinek
kinyomozasa végett, 1844 es 1845. *Pesten,* 1852, 2 tomes
en 1 vol. in-4, demi-rel.

288. Étude sur la géographie et les populations primitives du
Nord-Ouest de l'Inde, par M. Vivien de Saint-Martin.
Paris, Impr. impériale, 1860, in-8, demi-rel. dos et coins
de mar. bl. tête dor. non rog.

289. Dictionnaire des noms anciens et modernes des villes et
arrondissements de premier, deuxième et troisième ordre
compris dans l'empire chinois, par Ed. Biot. *Paris, Impr.
royale,* 1842, in-8, bas. rac.

290. Découvertes et établissements de Cavelier de la Salle, de
Rouen, dans l'Amérique du Nord, par Gabriel Gravier.
Paris, Maisonneuve, 1870, in-8, pap. vél. br.

291. Corpus inscriptionum Rhenanarum consilio et aucto-
ritate Societatis antiquariorum Rhenananæ edidit Guihel-
mus Brambach. *Elberfeldæ, in ædibus Rudolphi Ludo-
vici Friderichs,* 1867, in-4, demi-rel. dos et coins de
mar. v. tête dor. non rog.

292. Éléments de Paléographie, par M. Natalis de Wailly.
Paris, Impr. royale, 1838, 2 vol. in-4, fig. pap. de Holl.
cart.

293. Bibliothèque héraldique de la France, par Joannes Gui-
gard. *Paris, É. Dentu,* 1861, in-8, demi-rel. mar. bl.

294. Dictionnaire critique, littéraire et bibliographique des
principaux livres condamnés au feu, supprimés ou censurés,
par G. Peignot. *Paris, A.-A. Renouara,* 1806, 2 vol. in-8,
demi-rel. dos et coins de mar. r. tête dor. n. rog. (*David.*)

TEXTES CHINOIS.

295. Livres classiques de la Chine, en chinois. 13 vol. gr. in-8, v. pl.

Grandes et belles éditions.

296. *Yú ting Peï wên yún foù.* Trésor, par ordre tonique, de la langue chinoise, rédigé par ordre impérial. 130 *pen* ou vol. formant 443 *kioüan* ou livres, reliés en 40 forts vol. in-8, demi-maroquin jaune, avec le *titre* et *l'indication des tons* imposés en *chinois* sur le dos de chaque volume, pour faciliter la recherche des caractères. Edition impériale de 1711 ; très-rare et d'un prix très-élevé.

Ce grand Dictionnaire est, comme son titre l'indique, un véritable *Trésor* de la langue chinoise. Il est rempli d'une multitude innombrable d'exemples, formant des *expressions composées* de deux, trois et quatre caractères, extraites de tous les ouvrages importants de la langue chinoise, avec l'indication des auteurs dont elles sont tirées. Ce dictionnaire ne peut être comparé, pour son étendue et sa richesse en citations, qu'au *Thesaurus græcæ linguæ* de Henry Estienne, édition de MM. Didot, en 9 vol. in-fol. Encore celui-ci est loin d'être aussi développé que le *Trésor* chinois. Soixante-seize des premiers lettrés de l'empire, réunis à Pè-King, furent occupés pendant huit ans, sous la direction de l'empereur Khâng-hî, à le rédiger. Ce souverain, contemporain de Louis XIV, et, comme lui, grand ami des lettres, y a joint une Préface de sa main, imprimée en *fac-simile*, dans laquelle il rend compte, en détail, de la manière dont ce grand ouvrage a été composé. Son étendue et son prix très-élevé ne le rendent accessible, en Chine, qu'aux riches lettrés et aux grands mandarins. L'exemplaire est parfaitement complet.

297. *Choüe Thâng yèn i thsioüan tchoüan.* Roman historique sur des événements arrivés sous la dynastie des Thâng, en 14 *Kioüan* et 60 chapitres.

Édition de 1802. Reliée en 2 volumes in-12.

298. *Choüe yŏh thsioüan tchoüan.* Roman chinois en 80 chapitres, dont l'auteur est Tsiên Thsaï. Relié en 2 forts volumes in-12.

Le sujet de son roman est fondé sur l'histoire de Yoh-Feï, fameux général qui vivait sur la fin de la dynastie des Soùg, au douzième siècle de notre ère, fit la guerre contre les Tartares Kin, qui envahissaient la Chine, et fut mis à mort par la trahison du premier ministre des Soùng vendu aux Tartares. L'édition est de l'année 1801.

299. *Sân Koüe tchi.* « Histoire des trois royaumes. » Grand roman historique chinois, appelé communément : *Ti i thsaï tsèu choù* : « Le premier livre des beaux esprits ou des romanciers élégants. » En 60 *kioüan* ou Livres, et en 120 chapitres. Relié en 4 volumes, petit in-8, avec 38 gravures en tête, représentant les principaux personnages du roman. Edition de 1815.

M. Théodore Pavie a publié les deux premiers volumes de la traduction française de ce roman. — Il y a eu plusieurs rédactions de ce grand roman ; celle-ci est celle de Lô *Koùan-tchoùng*, écrite en style élevé, et qui est la meilleure.

300. *Choùe nän Fèi loùng tchoùan.* Histoire du Dragon volant. Roman historique en 60 chapitres. Publié en 1815. Relié en 4 volumes in-12, avec 22 gravures représentant les principaux personnages du roman.

Le sujet roule sur des événements qui se passèrent pendant la guerre des Kin contre les Soùng, au douzième siècle de notre ère.

301. *Wëi Tsáng thoù chïh.* Description avec cartes et figures des deux provinces (*Wëi* et *Tsáng*) du Tibet. 4 pèn. ou vol. in 12, publiés en 1793.

L'éditeur de cet ouvrage est Lou Hoa-tchou, qui dit, dans sa Préface, avoir revu et publié le travail de son ami : Ma Chao-yun, et de Ching Meï-ki, lesquels l'avaient extrait du Livre consacré au Tibet, dans la Géographie spéciale de la province du *Ssé-tchouan.* Les deux premiers volumes renferment une carte itinéraire de *Tching-tou-fou* à *L'hassa*, et un grand nombre d'autres, accompagnées de notes descriptives étendues, et de nombreuses figures sur bois, représentant les principaux types, hommes et femmes, des habitants du Tibet. Les deux derniers volumes ont été traduits en russe par le P. H. Bitchourin, et du russe en français par Klaproth.

302. *Kâng kián hóeï tsouàn.* Histoire générale de la Chine, dans la forme du *Thoùng kián kâng moùh*, depuis les temps les plus anciens jusqu'à la dynastie actuellement régnante. 35 *pèn,* reliés en 19 vol. in-12, demi-v. r. Édition de 1596.

Cette histoire générale de la Chine est assurément l'une des meilleures qu soient dues à l'initiative privée. Son auteur est Wang Tchi-tching, surnommé Foung-tchéou, qui vivait sur la fin de la dynastie des Youen ou Mongols. On y a joint le *Ming ki hâng mouh,* «Histoire de la dynastie des Ming», qui succéda à celle des Mongols, laquelle a été rédigée par l'empereur Khien-loung.

L'histoire de Foung-tcheòu commence avec les trois Hoâng, Pan-kou en tête, débrouillant le chaos. Puis viennent les Cinq *Ti,* ou grands souverains, dont Foùh-hi est le premier; ces cinq souverains remplissent le premier livre. Le second commence par Yao, avec les caractères du cycle de 60 (2357 avant J.-C.).

303. *Tá Thsing Hóeï tièn.* Statuts administratifs de la dynastie des Tá Thsing actuellement régnante ; publiés par ordre impérial. Petite édition publiée en 1764, 5 volumes in-12, demi-rel.

304. *Sioùan hó Pöh koù thoù.* Ample recueil d'antiquités décrites et figurées, en 30 *kioùan* ou livres. 16 *pèn* pet. in-fol. reliés en 4 vol. demi-mar. vert. Edition de 1752.

Ce grand et bel ouvrage de paléographie chinoise a été composé par

Wangfou et autres antiquaires, dans les années 1107-1110 de notre ère.
Deux éditions en avaient déjà paru : l'une en 1528, et l'autre en 1573.
Celle-ci a été revue et augmentée. Les objets d'antiquité qui sont figurés et
décrits dans cet ouvrage consistent dans une collection nombreuse de vases,
trépieds, coupes, miroirs, zodiaques, etc., qui remontent jusqu'à 1700 ans
avant notre ère, et descendent, pour les miroirs à zodiaques, jusqu'à la
dynastie des Thâng (618-805 de notre ère). Ces objets portent tous des
inscriptions en écriture du temps. (Un exemplaire du même ouvrage, porté
au catalogue Klaproth, sous le n° 254, a été vendu 221 fr.)

TEXTES JAPONAIS.

305. *Ho-Lan-zié-i.* Dictionnaire hollandais-japonais, 13 vol.
in-4.

Très-belle édition.

306. *Daï-zeu-haya biki-sets-yo-chou.* Grand Dictionnaire ja-
ponais-chinois, par Asada, in-8 obl.

307. *Sampo chin chô.* Nouveau Traité de la science des nombres, gr. in-8.

308. *Sampó Kiou cheki to ko.* Étude approfondie des principes de la science des nombres, 5 vol. in-4.

309. *Cai tchi seicou.* Principes essentiels des opérations fa-
vorables (magic). 4 vol. in-4, fig.

310. *Nippon tsi dzou.* Carte de l'empire japonais. 4 planches
très-grand format double.

Très-belle carte.

311. *Si cocou Santchi sau tcho mei cho dzou ye.* Description
complète des lieux renommés des 33 parties du Chi Cocou,
10 vol. in-4, figures. (Manque le 4e vol.)

312. *Cawatsi mei chó zou ye.* Description complète des lieux
renommés de la province de Cawatzi. 6 vol. in-4.

313. *Couotcho sai riacou.* Abrégé de l'histoire des dynasties
impériales. 12 parties en 10 vol. et supplément 5 vol.

314. *Nippon sei Ki.* Histoire de l'empire japonais. 16 vol.
in-4.

315. *Couôtcho Chenriacou hen.* Abrégé des guerres des dynasties impériales, 15 vol. in-8.

316. *Kiococou Nippon gouai tchi.* Histoire de l'extérieur du
Japon (des peuples étrangers). 22 parties en 12 vol. in-4.

GRANDES COLLECTIONS.

317. VETERUM SCRIPTORUM et monumentorum historicorum, dogmaticorum, moralium, amplissima collectio... prodit nunc primum studio et opera domni Edmundi Martene, et domni Ursini Durand. *Parisiis, apud Montalant,* 1724-1733, 9 vol. in-fol. v. gr.

318. THESAURUS novus Anecdotorum... prodit nunc primum studio et opera domini Edmundi Martene et domini Ursini Durand. *Lutetiæ Parisiorum,* 1717, 5 vol. in-fol. v. marb.

319. RECUEIL DES HISTORIENS DES GAULES ET DE LA FRANCE, par dom Bouquet. *Paris, aux dépens des libraires associés,* 1738-1780, 13 vol. in-fol. v. marb.

320. HISTOIRE ECCLÉSIASTIQUE ET CIVILE DE BRETAGNE, par dom Pierre-Hyacinthe Morice, avec les gravures. *Paris,* 1741-56, 5 vol. in-fol. fig. v. marb.

321. HISTOIRE GÉNÉRALE DE LANGUEDOC, avec des notes et les pièces justificatives, par deux religieux bénédictins de la Congrégation de Saint-Maur (Claude de Vic et Joseph Vaissete). *Paris, Jacques Vincent,* 1730-1745, 5 vol. in-fol. fig. v. gr.

322. HISTOIRE GÉNÉALOGIQUE et chronologique de la maison royale de France, par le P. Anselme. *Paris, par la compagnie des libraires,* 1726-1733, 9 vol. in-fol. blasons, v. marb.

323. GALLIA CHRISTIANA, in provincias ecclesiasticas distributa, qua series et historia archiepiscoporum, episcopo rum et abbatum... opera et studo domini Dionysii Sammarthani. *Lutetiæ Parisiorum, excudebat Joannes-Baptista Coignard,* 1715-1785, 13 vol. in-fol. portr. et cartes, v. gr.

FIN.

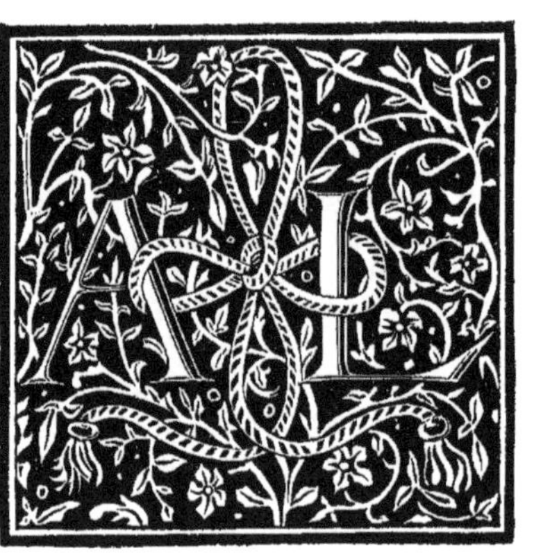